ZEITUNGSTANZ UND WATTEPUSTEN

Die schönsten Spiele für Kindergeburtstage

Text von Astrid Wisser
mit Bildern von Birgit Thoenes

CARLSEN

Inhalt

Für Gisela

1. Auflage 1993

Einbandillustration von Birgit Thoenes
Einbandtypographie von Lutz Dreckmann
Satz: Druckerei in St.Pauli
Druck und Bindearbeiten: Graphischer Großbetrieb, Pößneck, GmbH
Lektorat: Eva Bobzin
ISBN 3-551-18023-7
Printed in Germany

Hurra!
Ich hab Geburtstag!

Feiern ist toll! Für die meisten Kinder ist die eigene Geburtstagsparty alljährlich das wichtigste Ereignis. Da wird man ein Jahr älter! Da ist man mit all seinen Freunden zusammen fröhlich, und da bekommt man viele Geschenke. Schon lange vorher werden die Tage bis zum Geburtstag gezählt. Voller Ungeduld wird das große Fest erwartet. Es werden Pläne geschmiedet, was gekocht und gebacken werden soll. Und die ganze Familie überlegt, welche Spiele bei den Gästen am besten ankommen, denn es soll sich niemand langweilen!

Natürlich läßt sich eine Kinderparty nicht bis ins letzte Detail vorausplanen. Manchmal kommt ganz von allein Stimmung auf, und man kann einfach alles laufenlassen. Aber das kann sich im Handumdrehen ändern, und dann braucht man schnell ein paar Spielideen.
Hier sind sie! Alle Spiele in diesem Buch lassen sich ohne viel Aufwand und große Vorbereitungen nachspielen. Niemand muß lange überlegen: »Wie ging das bloß?« Einfach nur dieses Buch zur Hand nehmen und losspielen. Kein Partygast wird gelangweilt nach Hause gehen!

Sven feiert seinen sechsten Geburtstag. Er hat alle seine Freunde und Freundinnen eingeladen. Seine Schwester Anna ist natürlich auch dabei, und Marco hat seine Schwester Laura mitgebracht, weil Anna keine Lust hat, als einzige Große mit den Kleinen zu spielen. Die Gäste haben schon den Kuchen verdrückt. Mhm, lecker! Jetzt wollen sie etwas spielen.
Mama schlägt

Schnellzug

vor, damit sie in Ruhe die Kuchenreste und das Geschirr vom Tisch räumen kann. Für dieses Spiel nimmt sich jedes Kind einen Stuhl, und alle setzen sich dicht an dicht im Kreis nebeneinander. Sven stellt sich in die Mitte, und dann fährt der Schnellzug los: Marco rutscht so schnell er kann auf Svens leeren Stuhl, Hella rückt auf Marcos frei werdenden Platz vor, und so geht es in der Runde immer weiter. Sven muß auf den fahrenden Zug ›aufspringen‹. Er versucht, sich auf einen leer werdenden Stuhl zu setzen, bevor der nächste nachrücken kann. Das ist gar nicht so einfach. Es klappt nämlich nur, wenn man den Schnellzug genau beobachtet und blitzschnell in die Lücke springt. Nach einigen vergeblichen Versuchen gelingt es Sven endlich, sich zwischen die von Platz zu Platz rückenden Kinder zu drängen. Nun ist Laura dran, weil sie nicht schnell genug weitergerutscht ist und Sven dazwischen gelassen hat.

Anschließend will Christoph

Mäuschen, sag mal piep

spielen. Anna verbindet ihm die Augen und nimmt seinen Stuhl aus dem Kreis heraus. Die Kinder rücken wieder dicht zusammen. Christoph tastet sich zu einem Kind hin, setzt sich auf dessen Schoß und ruft: »Mäuschen, sag mal piep!« Er sitzt auf Gunda. Damit Christoph nicht so leicht errät, auf wem er sitzt, antwortet sie mit ganz tiefer Stimme: »Piep!«
Weil Christoph falsch geraten hat, muß er sich noch einmal auf einen anderen Schoß setzen. Diesmal ist er bei Thorsten gelandet. Der muß beim Piep-Sagen so laut lachen, daß Christoph ihn gleich erkennt. Nun werden Thorsten die Augen verbunden, und er ist dran.

Mama kommt mit einer Wolldecke und erklärt, wie man

Bello, Bello, dein Knochen ist weg

spielt. Sie legt Anna die Decke über den Kopf, so daß sie nichts mehr sehen kann. Die anderen Kinder müssen ihre Hände auf den Rücken nehmen. Einer hält hinten ein Päckchen Kaugummi als Knochen versteckt. Alle zusammen rufen nun: »Bello, Bello, dein Knochen ist weg!« Anna steckt den Kopf unter der Decke hervor und überlegt, wer den Knochen wohl haben könnte.

Sie krabbelt zu Laura und bellt sie an. Aber Laura hat den Knochen nicht. Sie zeigt ihre leeren Hände. Anna versucht es bei Ronald und dann bei Sven. Der hat den Knochen und muß nun Bello sein.

Nach zwei Runden hat Sven den Knochen immer noch nicht gefunden. Deshalb will er nicht mehr Bello sein, sondern lieber etwas anderes spielen.

Armer, schwarzer Kater

findet er gut. Die Kinder bilden einen Kreis. Sven sitzt in der Mitte und krabbelt zu Jenny, macht vor ihr Männchen und fängt an zu miauen. Jenny streicht ihm übers Haar und sagt immer wieder: »Armer, schwarzer Kater.« Sven miaut in allen möglichen Tonarten, schnurrt, schmust und kratzt an Jenny, um sie zum Lachen zu bringen. Aber Jenny bleibt ernst und sagt nur immer

›Armer schwarzer Kater‹, während sie Sven streichelt.
Sven krabbelt daraufhin zu Thorsten, miaut ihn an und schnuppert an seinem Ohr. Das kitzelt, und Thorsten lacht los. Zur Strafe muß er Sven nun als Kater ablösen.

Mama hat inzwischen das Geschirr abgeräumt. Nun setzen sich alle um den Tisch, um

Fische fangen

zu spielen. Die Kinder legen ihre Hände flach auf den Tisch. Mama läßt ihre Hände darüber kreisen und sagt: »Ich fange, fange Fische auf meines Vaters Tische. Ich hab die ganze Nacht gefischt und einen Fisch erwischt.« Das **er**... zieht sie ganz lang, damit es spannender wird, denn bei ...**wischt** schlägt sie zu. Wer seine Hände nicht schnell genug vom Tisch zieht, wird getroffen und muß nun der Fischer sein. Aber Mama hat niemanden erwischt, weil die Kinder ihre Hände alle schon bei ›Fisch‹ weggezogen haben. »Das gilt nicht«, sagt Mama. »Ihr dürft eure Hände erst bei ...wischt wegziehen.« Diesmal spricht sie den Spruch ganz schnell und trifft Ronalds Hand. Nun ist er der Fischer.

Mama kennt noch ein lustiges Händespiel, das heißt:

Ich fahre nach Jerusalem

Dazu setzt sie ihre beiden Fäuste mit ausgestreckten Daumen übereinander und sagt den Vers: »Ich fahre nach Jerusalem, und du kommst mit!« Zu jeder Silbe tippt sie der Reihe nach ein Händepaar auf dem Tisch an. Bei ›mit‹ trifft sie Jenny. Die muß nun ihre Fäuste auf Mamas draufsetzen und ›mitfahren‹.

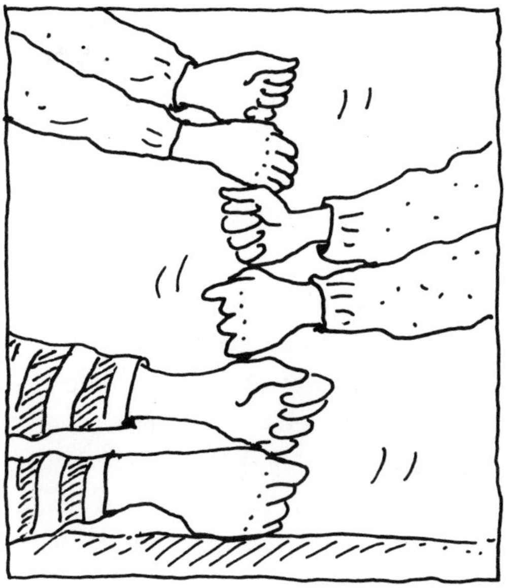

Jetzt geht die Reise von vorne los. Jedesmal, wenn der Vers zu Ende ist, werden zwei neue Fäuste auf den Turm gesetzt. Allmählich gibt es ein großes Kuddelmuddel. Der hohe Fäusteturm reißt immer wieder auseinander. Zuletzt liegen nur noch Ronalds Hände auf dem Tisch. Er fängt mit einer neuen Reise an.

Für das nächste Spiel holt Mama eine große Tüte voll Salmis, einen Teller und einen Löffel. Hella sitzt Gunda zum

Füttern mit verbundenen Augen

gegenüber. Sie hat einen Teller mit zwanzig Salmis auf dem Schoß und muß nun versuchen, sie Gunda mit dem Löffel in den Mund zu stecken. Als der Teller leer ist, werden alle vorbeigefallenen Salmis gezählt. Mama legt noch einmal zwanzig Salmis auf den Teller. Nun muß Gunda Hella füttern. Alle Kinder kommen paarweise an die Reihe, jeder muß einmal füttern und einmal essen. Marco kann am besten füttern. Ihm fallen nur drei Salmis vom Löffel, und er wird Sieger.

Anna und Laura helfen Mama, das nächste Spiel vorzubereiten.

Guten Appetit

heißt es. Sie haben dafür von den verschiedensten Lebensmitteln und Süßigkeiten ein Stückchen genommen und wie eine Schnecke auf ein großes Holzbrett gelegt. Die Reihenfolge muß so bunt wie möglich sein: Zwiebel neben Banane und Schokolade, Gurke zwischen Bonbon und Weingummi, Kaugummi hinter Mettwurst und Lakritz. Da liegen Zitronenscheibchen, Kartoffelstückchen, Hörnchennudeln, Erbsen, Bohnen, Reis, Haferflocken, aber auch Pfefferminz, Lollis, Kandis, Käse und Schinken. Die Schnecke fängt mit einer Salzstange an und hört mit einer Praline auf. Sven beginnt zu würfeln. Er hat eine Eins und nimmt sich die Salzstange. Marco muß für seine Sechs das sechste Teil der Schnecke essen. Die anderen lachen schadenfroh: Es ist ein Stück Zwiebel. Jenny erwischt trockene Haferflocken, Laura einen Lolli, Anna eine Zitronenscheibe,

Christoph Hörnchennudeln, Hella ein Stück Käse, Thorsten Erbsen, Ronald ein Kaugummi und Gunda Kandis. Die Häppchen auf dem Brett reichen für drei Würfelrunden.

Mama stellt einen Teller auf den Tisch, auf dem liegt ein

Bonbon in Mehl

Die Kinder würfeln aus, wer den Bonbon mit dem Mund aus dem Mehl holen muß. Jeder hat zwei Würfel und muß sich seine Augenzahl genau merken. Die niedrigste

Augenzahl verliert. Ronald und Thorsten schaffen jeder zwei Punkte. Sie tragen unter sich die Endrunde aus. Ronald würfelt diesmal sechs Augen. Thorsten nur vier. Damit steht der Verlierer fest. Thorsten beugt sich dicht über den Mehlberg und versucht, den Bonbon mit der Zunge vorsichtig herauszuheben, aber Sven stößt ihn dabei ein bißchen an, und Thorstens Nase verschwindet im Mehl. Das gibt natürlich ein großes Gelächter.

Als nächstes Spiel schlägt Sven

Schokolade essen

vor. Er legt eine Tafel Schokolade auf ein Holzbrett, legt Messer und Gabel daneben und holt noch seine Mütze, den geringelten Schal und die dicken Winterhandschuhe.

Wenn man dieses Spiel länger spielen möchte, kann man die Schokolade in Zeitungspapier einwickeln und mit Band zuschnüren. Die Kinder würfeln nacheinander. Wer eine Sechs hat, zieht sich schnell die Sachen an, nimmt das Besteck und versucht, ein Stück Schokolade abzuschneiden und in den Mund zu stecken. Die anderen Kinder würfeln so schnell sie können, damit die nächste Sechs fällt, bevor der Erste etwas von der Schokolade ißt.
Weil nicht alle etwas von der Schokolade abbekommen haben, aber auch Appetit auf Süßes haben, wollen die Kinder

Topfschlagen

spielen. Hella werden zuerst die Augen verbunden. Mama legt ein Stück Schokolade auf einen Teller und versteckt ihn auf dem Fußboden unter einem Kochtopf. Hella krabbelt los und sucht die Schokolade. Dabei klopft sie ständig mit einem Holzlöffel auf den Boden, bis sie den

Topf erwischt. Die anderen helfen, indem sie ›heiß‹ rufen, wenn die Richtung stimmt. ›Kalt‹ wird gesagt, wenn der Weg falsch ist. Hella klopft auf den Topf, zieht sich das Tuch von den Augen und darf die Schokolade essen. Alle Kinder kommen nacheinander an die Reihe.

Die Kinder überlegen, was sie als nächstes spielen wollen.

Über Wasser gehen

schlägt Laura vor. Anna kennt das Spiel und darf deshalb bei den Vorbereitungen helfen. Alle anderen müssen aus dem Zimmer gehen. Die Mädchen füllen Wasser in einige Schüsseln und stellen sie so nebeneinander auf den Teppich, daß dazwischen jeweils etwas mehr als eine Fußbreite Platz bleibt. Nun holen sie Sven. Er soll über die Schüsseln steigen, ohne daß sie umkippen. Er darf zuerst einmal mit offenen Augen üben. Das schafft er natürlich.

Dann werden ihm die Augen verbunden, und Anna führt ihn vor die erste Schüssel. Sven hebt seinen Fuß ganz vorsichtig, um kein Wasser zu verschütten. Laura dirigiert ihn mit Kommandos wie ›höher‹ oder ›weiter‹, aber in Wirklichkeit hat sie die Schüsseln längst weggenommen. Weil Sven das ja nicht sehen kann, balanciert er bis zum Ende. Erst als Anna ihm das Tuch von den Augen nimmt, sieht er, daß die beiden Mädchen sich einen Spaß mit ihm erlaubt haben. Nun legen sie auch noch die anderen Kinder rein. Wer schon dran war, darf im Zimmer bleiben und zusehen.

Thorsten wünscht sich als nächstes Spiel

Blinde Kuh

Ihm werden die Augen verbunden. Sven dreht ihn ein paarmal im Kreis, damit er die Orientierung verliert, und nun muß Thorsten die anderen Kinder finden. Thorsten tastet sich durchs Zimmer und erwischt Ronald. Um Thorsten durcheinanderzubringen, rufen ihm die übrigen Kinder von überall her ›Blinde Kuh‹ zu. Wer von Thorsten angetickt wird, muß ausscheiden. Jenny ist die letzte.

Sie möchte

Tellerdrehen

spielen. Alle Kinder setzen sich im Kreis um sie herum. Jenny nimmt einen Teller, stellt ihn mit dem Rand auf den Boden und dreht ihn mit Schwung herum. Sie ruft Laura. Die muß nun zum Teller springen und ihn anhalten, bevor er umfällt. Schafft sie es, darf sie den Teller für die nächste Runde drehen. Sonst muß sie ausscheiden, und Jenny ist noch einmal dran.

Beim

Flaschendrehen

sitzen auch alle Kinder im Kreis. Sie beraten, was der Verlierer tun muß. Er soll ein Geburtstagsständchen singen. Ronald legt die Flasche auf den Teppich und gibt ihr einen kräftigen Schwung, damit sie sich ganz schnell um die eigene Achse dreht. Als sie sich ausgedreht hat, zeigt der Flaschenhals zu Christoph. Der muß nun singen.

Jennys Lieblingsspiel ist

Damen und Herren

Die ›Herren‹ Thorsten, Christoph, Ronald, Marco und Sven gehen vor die Tür, und die ›Damen‹ Hella, Laura, Anna, Jenny und Gunda suchen sich einen Herrn aus. Die Herren werden einzeln ins Zimmer gerufen und sollen raten, von welcher Dame sie ausgewählt wurden. Wenn sie falsch raten, müssen sie noch einmal vor die Tür. Das Spiel ist aus, wenn jeder Herr seine Dame gefunden hat.

Die Paare stellen sich jetzt zum

Luftballontanz

zusammen. Jedem Mädchen wird ein aufgeblasener Luftballon ans Bein gebunden. Mama schaltet Musik ein, und alle fangen an zu tanzen. Die Jungen versuchen, die Ballons der anderen Mädchen zu zertreten, während sie gleichzeitig den Ballon ihrer eigenen Partnerin schützen.

Das gibt ein großes Getobe und macht durstig. Jetzt brauchen alle einen kalten Saft!

Anna kann besonders gut zeichnen. Sie hat inzwischen einen großen Elefanten gemalt. Jedes Kind soll ihm mit verbundenen Augen einen geflochtenen Wollzopf als

Schwanz anstecken

Christoph findet sich am besten zurecht. Er trifft genau die richtige Stelle. Aber bei Gunda sitzt der Schwanz am Rüssel und bei Laura am rechten Hinterfuß.

Die Kinder teilen sich in zwei Mannschaften und stellen sich hintereinander im Flur auf. Mama legt den beiden ersten je ein

Buch auf den Kopf

Sie sollen nun so schnell wie möglich ins Wohnzimmer laufen, zweimal um den Eßtisch herumgehen und zurückkommen, ohne das Buch fallen zu lassen. Wer es unterwegs verliert, muß zum Start zurück und noch einmal anfangen.

Inzwischen hat Mama im Zimmer etwas verändert, und die Kinder können

Detektiv

spielen. Jenny merkt als erste, daß der Kalender jetzt verkehrtherum hängt. Sie schickt die anderen wieder hinaus und legt Svens Kuscheltier auf den Schreibtisch. Aber das ist zu schwierig. Niemand findet es heraus.

»Laßt uns lieber

Pullover tauschen

Ich gehe zuerst vor die Tür«, schlägt Hella vor. Sie merkt sich vorher noch ganz genau, was die anderen anhaben. Als sie wieder ins Zimmer kommt, sieht sie sofort, daß Thorsten und Christoph ihre Sweatshirts vertauscht haben.

Anna ruft:

Wenn der Kaiser ins Land kommt

darf niemand Ohren haben!« Alle nehmen schnell die Hände über ihre

Ohren. Anna wiederholt das Spiel mit Augen, Nase und Mund. Das ist natürlich alles leicht unter den Händen zu verstecken. Schwieriger wird es mit Knöpfen, Gürteln und Schuhen. Ronald setzt sich auf seine Füße, damit man nichts von den Schuhen sieht, und Laura krempelt ihre Jeans darüber. Von Hellas Schuhen sieht man noch die Spitzen. Deshalb ist sie der nächste Ausrufer.

»Wenn der Kaiser ins Land kommt, darf man nichts Rotes sehen!« ruft sie. Und damit wird das Spiel ganz schwierig, denn fast alle haben etwas Rotes an. Jenny zieht einfach ihr Sweatshirt aus und setzt sich darauf. Marco macht es ebenso. Aber er trägt darunter ein rotgestreiftes Hemd. Was nun?

Mama kommt mit zwei großen Kartoffelsäcken und holt die Kinder zum

Sackhüpfen

auf den Flur. Die Jungen wollen gegen die Mädchen spielen. Sie bilden zwei Mannschaften. Laura und Anna und Marco und Sven stehen an der Wohnungstür, die anderen stellen sich am Ende des Flurs auf. Hella und Thorsten steigen mit den Füßen in einen Sack, stellen sich nebeneinander und fangen bei ›Achtung, fertig, los‹ an, so schnell wie möglich zur Wohnungstür zu hüpfen. Dort schlüpfen Laura und Marco in die Säcke und hüpfen zurück.
Weil Laura so lange Beine hat, sichert sie der Mädchenmannschaft einen weiten Vorsprung. Aber als Jenny an der Reihe ist, rutscht ihr unterwegs der Sack aus den Händen, und sie kippt um. Ronald holt auf. Es wird schließlich ein spannendes Kopf-an-Kopf-Rennen, das unentschieden ausgeht.

So allmählich bekommen alle wieder Hunger und Durst.

Während Mama das Abendbrot fertig macht, spielen Anna und Laura mit den Kleineren

Würstchen schnappen

Sie hängen für jeden ein Würstchen an einer langen Leine auf und halten die so hoch, daß sie dicht über den Köpfen der Kinder baumelt. Alle versuchen nun, ein Stück Würstchen abzubeißen. Christoph schafft es als Erster. Aber er ist auch am größten. Für Hella und Jenny halten Laura und Anna die Leine etwas niedriger, damit sie auch etwas abbekommen.

Zum Abschluß der Geburtstagsfeier spielen die Kinder

Märchen raten

Mama nimmt das große, bunte Märchenbuch und fängt mitten in einer Geschichte an zu lesen. Die Kinder müssen herausbekommen, wie das Märchen heißt. Bei den bekannten Geschichten ist das ziemlich einfach. Darum wechselt Mama zusätzlich alle Namen der Hauptpersonen aus. Nun geht Schneewittchen mit Kuchen und Wein zur Großmutter, und Schneeweißchen und Rosenrot verlaufen sich im Wald und kommen an ein Hexenhaus.
Beim Vorlesen vergeht die Zeit besonders schnell. Die ersten Mütter und Väter kommen, um ihre Kinder wieder abzuholen. »Tschüß, Sven. Es war ein ganz toller Geburtstag!« ruft Marco seinem Freund zum Abschied zu.

Einige Zeit später feiert Anna ihren neunten Geburtstag. Sie hat ihre Freundinnen Laura, Anja, Katrin und Sarah eingeladen. Und damit ihr Bruder Sven nicht der einzige kleine Junge unter all den großen Mädchen ist, darf sein Freund Marco auch kommen. Außerdem feiern Annas Cousins diesmal mit, weil sie an einem Sonnabend Geburtstag hat. Dennis, Marcel und Charly wohnen nämlich ziemlich weit weg. Sie haben alle zusammen gemütlich Kaffee getrunken, mit Tuttifrutti-Eis, Brausekuchen und Schokoröllchen. Tante Inga hilft Mama beim Abdecken, und Anna holt Papier und Stifte. »Wir fangen mit Wortspielen an«, schlägt sie vor. »Zuerst suchen wir

Sachen für die Party

Jeder schreibt so viele Dinge wie möglich auf, die man für eine Party braucht. Wer die meisten findet, hat gewonnen. Wenn zwei dasselbe Wort haben, zählt es nicht.«

Sven und Marco dürfen die Sachen malen, weil sie noch nicht schreiben können.

Sarah erklärt das Spiel

Pyramide

Das wird in zwei Gruppen gespielt. Während die eine draußen wartet, schreibt die andere vier zusammengesetzte Hauptwörter auf, die zu einem gemeinsamen Oberbegriff passen. Dann werden die anderen wieder hereingerufen. Einer von ihnen darf sich die Wörter still durchlesen und muß nun seiner Mannschaft erklären, um was es sich handelt, ohne das gesuchte Wort zu nennen.
Die Mädchengruppe schreibt Suppenlöffel, Butterdose, Mehlsieb und Brotkorb auf. Sie rufen die Jungen herein und nennen ihnen als Oberbegriff ›Küchenschrank‹. Marcel liest sich die Wörter auf dem Zettel durch und versucht, sie seiner

Gruppe zu beschreiben. Das ist gar nicht so leicht. Mama und Tante Inga helfen ein bißchen. Fünf Minuten lang dürfen die Jungen raten. Als die Zeit um ist, haben sie Butterdose und Brotkorb herausgefunden.
Nun überlegen sich die Jungen vier zusammengesetzte Wörter zum Oberbegriff ›Küchenschrank‹, und die Mädchen müssen sie erraten. Anja versteht es sehr gut, ihrem Rateteam die gesuchten Wörter zu erklären. Sie finden alle vier Begriffe heraus.

Marcel kennt ein ähnliches Spiel. Es heißt:

Wer rät das Wort?

Er berät leise mit Dennis, welches zusammengesetzte Hauptwort sie nehmen. Sie einigen sich auf Fliegenpilz und versuchen, die Begriffe Fliege und Pilz pantomimisch darzustellen. Die anderen Kinder müssen das zusammengesetzte Wort erraten.

Es ist ziemlich schwierig. Erst als Marcel wie ein Brummer summt und Dennis einen Pilz in die Luft malt, ruft Sarah: »Fliegenpilz!« Nun darf sie sich einen Mitspieler und einen Begriff aussuchen. Sie nimmt Katrin und das Wort Fußball.

Laura schlägt ein neues Wortspiel vor:

Er und sie

Sie geht mit Charly auf den Flur. Die anderen denken sich ein zusammengesetztes Wort aus, bei dem der eine Teil weiblich und der andere männlich ist. Charly und Laura müssen den Begriff raten.
Sarah sagt: »Er ist braun, und sie ist schön.« Die beiden Rater haben keine Ahnung, wovon die Rede ist.
Anja sagt: »Er ist voll Erde, und sie blüht im Sommer.« Jetzt weiß Laura, was die anderen meinen und ruft: »Blumentopf!«

Marco und Sven sind das nächste Ratepaar. Damit es für die beiden Kleinen leichter ist, nehmen die Großen das Wort Zahnbürste. Laura sagt: »Er hat manchmal ein Loch, und sie hat einen Stiel.« Anja sagt: »Er ist weiß, und sie hat Borsten.« Als Marco und Sven immer noch nicht auf den Begriff kommen, sagt Anna: »Er sitzt im Mund, und sie schrubbt ihn.« Da wissen die beiden natürlich, was gemeint ist.

Danach spielen die Kinder

Kommando Pimperle

Anna ist die Spielleiterin. Sie ruft: »Kommando Pimperle!« und trommelt ganz schnell mit beiden Zeigefingern abwechselnd auf die Tischkante. Die anderen machen es ihr nach. Dann ruft sie: »Kommando Faust!« und stellt beide Fäuste auf den Tisch. Die anderen machen es ebenso. Nun folgt wieder: »Kommando Pimperle!« und alle trommeln mit den Zeigefingern. Dann ruft Anna: »Flach!« und legt die Hände flach auf den Tisch. Aber die anderen trommeln weiter, weil Anna nicht ›Kommando‹ vorweg gesagt hat. Alle haben aufgepaßt! Nach dem nächsten ›Kommando Pimperle‹ ruft Anna ›Kommando Ellenbogen‹ und stützt ihre Ellenbogen auf den Tisch. Alle machen es ihr wieder nach. Jetzt wird das Spiel immer schneller: ›Kommando Pimperle‹, ›Kommando Flach‹, ›Kommando Pimperle‹, ›Kommando Faust‹, ›Kommando Pimperle‹, ›Ellenbogen‹. Da paßt Anja nicht auf und macht Annas Bewegung nach, obgleich die nicht ›Kommando‹ gesagt hat. Jetzt ist Anja dran und gibt die nächsten Kommandos. Je schneller dieses Spiel läuft, desto mehr Spaß bringt es.

Zuletzt sind alle außer Rand und Band. Um wieder ein bißchen Ruhe in die Runde zu bringen, schlägt Mama

Wattepusten

vor. Sie legt einen Watteball in die Mitte des Tisches. Alle müssen nun versuchen, ihn über den Tisch und durch irgendeine Lücke auf die Erde zu pusten. Aber die Kinder sitzen so dicht an dicht, daß die Watte bei keinem auf den Boden fällt.

Inzwischen verpackt Mama ein kleines Päckchen Kaugummi zu einem großen Überraschungspaket. Sie legt es zusammen mit einem Würfel auf den Tisch und sagt:
»Ihr könnt jetzt um dieses

Paket würfeln

Wer eine Sechs hat, nimmt schnell das Paket und fängt an, es auszupacken – so lange, bis der nächste eine Sechs würfelt. Dabei darf aber weder das Band noch das Einwickelpapier zerrissen werden. «

Dennis hat die erste Sechs und fängt mit dem Auspacken an. Er versucht, die Schnur aufzuknoten. Aber bevor er es geschafft hat, reißt Laura ihm das Paket aus der Hand und knotet weiter, weil sie nun eine Sechs gewürfelt hat. Sie ist gerade bei der nächsten Papierschicht, da erwürfelt sich Marco das Paket. Es wird immer hektischer, weil jeder so schnell wie möglich eine Sechs würfeln will, um auch auspacken zu

dürfen. Als das Päckchen nur noch ganz klein ist, wächst die Spannung: Was hat Mama eingepackt, und wer gewinnt es?

Anja hat Glück. Bevor Marcel die nächste Sechs würfeln kann, hat sie das Päckchen Kaugummi ausgewickelt. Sie gibt jedem Kind einen Streifen ab, denn es geht genau auf: Zehn Kinder und zehn Kaugummistreifen.

Laura und Anna bereiten alles zum

Abschmecken

vor. Sie stellen auf ein Tablett viele kleine Teller mit Haferflocken, Nüssen, Salmis, Marmelade, Schokostreuseln und anderen Lebensmitteln. Die Jungen werden vor die Tür geschickt und einzeln hereingerufen. Zuerst ist Charly dran. Mama verbindet ihm die Augen, und die Mädchen füttern ihn mit verschiedenen Sachen. Er muß jedesmal raten, was er ißt. »Das ist doch babyleicht«, sagt Charly und hapst immer ordentlich zu. Da gibt Anna ihm plötzlich einen Löffel voll Senf, und Charly fängt an zu spucken. »So eine Gemeinheit!« Die anderen Jungen fallen auch alle auf dieses Spiel herein.

Charly will sich rächen und schlägt ihnen

Wer will Sterne sehen?

vor. Alle, die das Spiel kennen, dürfen im Zimmer bleiben. Die anderen müssen vor der Tür warten, bis sie an der Reihe sind. Marco kommt zuerst dran. Er muß sich auf den Fußboden legen. Charly breitet seine Regenjacke über ihn und hält den

Ärmel so, daß Marco bis oben an die Decke sehen kann. »Hast du gute Sicht?« fragt Charly. »Ja«, antwortet Marco. »Immer noch?« fragt Charly und schüttet ein paar Tropfen Wasser aus der Blumengießkanne durch den Ärmel genau auf Marcos Nase. Der kommt laut schimpfend und prustend unter der Jacke hervor.

»So, nun habt ihr genug Unsinn angestellt«, sagt Mama. Sie legt für jeden ein Zeichenblatt und einen Stift auf den Tisch und verbindet allen die Augen.

Die Kinder sollen

Tiere malen

Wer es am besten kann, wird mit einem Preis belohnt. Nun entsteht allerlei moderne Kunst. Manche Figuren sind kaum zu erkennen. Bei Marcos Teddy sitzen die Beine gleich am Hals, Anjas Affe hat überhaupt keine Arme, und Svens Schlange ist auf der Tischdecke zu Ende. Am besten ist Katrins Pferd gelungen, auch wenn es keinen Schweif hat. Sie soll zur Belohnung die Lakritzschnecke bekommen, meinen alle.

»Laßt uns jetzt

Tiere nachmachen

spielen«, schlägt Anna vor. »Ich mache euch ein Tier vor, und ihr müßt raten, welches es sein soll.« Die Kinder setzen sich im Kreis auf den Fußboden, und Anna stellt sich in die Mitte. Sie hält Arme und Hände wie einen langen Schnabel vor sich und geht mit ganz hohen Schritten umher. »Ein Storch!« sagt Sven.
Weil er richtig geraten hat, ist er nun dran. Er setzt sich auf seine Hacken, stützt sich auf eine Hand und tut so, als ob er die andere Hand anleckt und damit seine Ohren wäscht. Die anderen haben natürlich gleich raus, daß er eine Katze nachmacht. Katrin versucht, eine Schlange zu sein. Das errät so leicht keiner. Noch schwieriger wird es bei Charlys ›Schnecke‹ und Marcels ›Hahn‹. Erst als er kräht, wissen die anderen Bescheid. Aber Geräusche sind bei diesem Spiel eigentlich verboten, weil es sonst zu leicht ist!

Später spielen die Kinder das

Streichholzschachtel-Spiel

Dazu teilen sie sich in zwei Mannschaften. Jede Mannschaft besteht aus fünf Kindern. Mama bringt zwei Hüllen von Streichholzschachteln. Anna und Sven fangen an. Sie setzen sich die Hülle auf die Nase. Dann müssen sie die Hülle – ohne die Hände zu benutzen – an den nächsten ihrer Mannschaft weitergeben, von Nase zu Nase. Das gibt ein tolles Gelächter. Und je mehr man lachen muß, um so schwieriger wird es! Schließlich gewinnt Annas Mannschaft, denn sie hat die Hülle am schnellsten von Nase zu Nase weitergereicht.

Mama kommt mit einer großen Tüte voller Luftballons. Jeder darf sich eine Farbe aussuchen. Bei ›Achtung, fertig, los‹ fangen alle an zu pusten.

Welcher platzt zuerst?

Natürlich Charlys Luftballon, weil Charly gar keine Angst vor dem Knall hat und so kräftig pustet, daß er einen ganz roten Kopf bekommt.

Jedes Kind pustet noch einen Ballon für den

Doppel-Ballontanz

auf. Die Ballons müssen schön groß und stramm sein. Kurz vor dem Platzen werden sie zugeknotet, damit die Luft nicht entweichen kann. Die Kinder stellen sich zu zweit gegenüber, und jedes Paar klemmt sich einen Luftballon zwischen die Köpfe und einen zwischen die Bäuche.
Tante Inga stellt Musik an, und alle fangen an zu tanzen. Keiner darf die Luftballons oder den Partner mit Händen oder Armen berühren.
Katrin und Marcel werden Sieger, weil sie am längsten tanzen, ohne daß ein Ballon auf den Fußboden fällt.

Tante Inga weiß noch ein anderes

Luftballonspiel

Dazu bilden die Kinder zwei Mannschaften und stellen sich in zwei Reihen auf. Anna und Laura klemmen sich als erste ihrer Mannschaften einen Luftballon zwischen die Beine. Auf ›Achtung, fertig, los‹ versuchen sie, die Ballons dem nächsten ihrer Gruppe zwischen die Beine zu geben, ohne Hände und Arme zu gebrauchen.
Die Luftballons dürfen nur mit den Beinen und Füßen berührt werden. Wenn einer einen Luftballon verliert, muß er ihn allein zurückholen und wieder zwischen die Beine nehmen. Die anderen Kinder dürfen sich nicht vom Platz bewegen.
Marco rutscht der Luftballon immer wieder weg, weil seine Beine noch so kurz sind. Da gibt er ihn einfach zwischen den Füßen weiter. Aber Tante Inga erwischt ihn beim Schummeln, und er muß noch einmal anfangen. »Immer auf die Kleinen«, schimpft er. Doch trotzdem gewinnt seine Mannschaft mit knappem Vorsprung.

Jetzt spielen wir

Zungenbrecher

schlägt Charly vor. Er nimmt einen Luftballon in die Hand sagt:
» Schneiderschere schneidet scharf, scharf schneidet Schneiderschere.«
Da Charly den Satz aufsagen kann, ohne sich zu verhaspeln, darf er den Luftballon an ein anderes Kind weitergeben. Er wählt Anja. Sie wiederholt nun den Satz oder wählt einen neuen Zungenbrecher.

Sven hat seiner Schwester eine Trommel zum Geburtstag geschenkt. Die holt er nun und ruft: »Wir können jetzt

Feuerwehr

spielen.« Die Kinder stellen dazu einige Stühle in zwei Reihen mit der Lehne gegeneinander auf. Sven schlägt auf die Trommel, und die anderen marschieren im Takt um die Stuhlreihe herum. Wenn Sven eine Pause macht, muß jeder etwas von sich auf den nächsten Stuhl legen. Das geht so drei bis vier Runden lang. Dann ruft Sven plötzlich: »Alarm!« Und alle Kinder holen sich so schnell wie möglich ihre Sachen zurück.

Sarah wird Siegerin, weil sie zuerst alles wieder angezogen und umgebunden hat. Dennis ist als letzter fertig. Er hatte einen Schuh ausgezogen und muß nun erst noch das Band aufknoten, um ihn wieder anziehen zu können.

Die Kinder bleiben auf dem Fußboden sitzen.

Mit den Händen sehen

heißt das nächste Spiel. Anna verbindet Laura die Augen und dreht sie einige Male um sich selbst, damit sie die Orientierung verliert. Laura soll sich nun zu einem Kind vortasten und erfühlen, wer es ist.

Tante Inga bringt zwei leere Flaschen und bindet Anna und Sven einen Bleistift so um den Bauch, daß er in Kniehöhe am Band herunterbaumelt. Die beiden versuchen, auf ›Achtung, fertig, los‹ ihre

Bleistifte in die Flaschen

zu bugsieren. Die Hände bleiben dabei natürlich auf dem Rücken.

Die Jungen wollen gern noch ein Wettspiel gegen die Mädchen machen. Mama gibt jeder Gruppe zehn kleine Luftballons zum

Jonglieren

Die eine Mannschaft bekommt rote, die andere blaue Luftballons. Die Luftballons sollen im Wohnzimmer aufgepustet und dann auf einem Tennisschläger über den Flur zum

Badezimmer transportiert werden. Wer seinen Ballon in die Wanne geworfen hat, bringt den Tennisschläger schnell zurück, damit der nächste seinen Ballon aufpusten und wegbringen kann. Die Ballons reichen für zwei Durchgänge.
Die Jungen können zwar besser aufpusten, aber die Mädchen sind geschickter im Jonglieren, so daß Anja als Schlußläuferin mit dem allerletzten Ballon um eine Armlänge eher bei der Wanne ist, als Charly, der Schlußmann der Jungenmannschaft.

Mama legt jedem Kind einen Topfdeckel oder ein Frühstücksbrett auf den Kopf, klemmt allen einen Apfel oder eine Apfelsine zwischen die Beine und einen Bleistift zwischen Oberlippe und Nase. Sie sollen jetzt

China ist weit, China ist groß

sagen und dabei immer umhergehen. Wer stehenbleibt oder etwas fallen läßt, muß ausscheiden.
»Das ist ja ganz einfach«, meint Charly. Aber er merkt bald, daß es überhaupt nicht leicht ist, ständig den Satz zu sagen, weiterzugehen und nichts zu verlieren. Anja findet alles so komisch, daß sie laut loslacht und ihr gleich der ›Schnurrbart‹ runterrutscht. Das findet Dennis zum Lachen, und nun kann er sich auch nicht mehr zurückhalten. Das Spiel endet mit allgemeiner Fröhlichkeit und durcheinander purzelnden Topfdeckeln, Apfelsinen, Äpfeln und Frühstücksbrettern.

Die ausgelassene Stimmung bringt Laura auf ein neues Spiel:

Zeitungstanz

Tante Inga soll Musikmeisterin und Schiedsrichterin sein.
Jedes Mädchen sucht sich einen Tanzpartner und stellt sich mit ihm auf eine auseinander gefaltete Zeitung. Die Paare müssen so lange auf ihrer Zeitung tanzen, bis Tante Inga die Musik ausstellt. Wer einen Fuß von seiner Zeitung nimmt, scheidet aus. Für die zweite Runde wird die Zeitung zur Hälfte zusammengefaltet. Nun ist weniger Platz zum Tanzen, und die Paare müssen sich ganz dicht zusammenhalten.

Jedesmal, wenn die Musik aussetzt, werden die Zeitungen wieder weiter zusammengefaltet. Charly und Katrin, Marcel und Sarah und Dennis und Anja geben auf, weil ihre Füße nicht mehr auf die Zeitungen passen. Zuletzt tanzen nur noch Sven und Anna und Laura und Marco. Sven stellt seine Füße auf Annas Füße. Die anderen beiden tanzen auf Zehenspitzen. Schließlich nimmt die große Laura den kleinen Marco auf den Arm und tanzt auf Zehenspitzen weiter. Damit werden sie das Siegerpaar!

»Wer bei der

Hut-Jagd

mitmachen will, muß mit mir nach draußen kommen!« ruft Mama. Sie hat einen ganzen Arm voller Mützen und Hüte. Jeder darf sich etwas aussuchen. Tante Inga setzt sich Papas Fellmütze mit den Ohrenklappen auf, Marcel nimmt den großen Sombrero aus Mexiko, Katrin ein schwarzes Theaterhütchen mit Schleier, Charly die dunkelblaue Seglermütze und Marco den orangefarbenen Schutzhelm von Papa. Nur Mama ist ohne Kopfbedeckung. »Achtung!« ruft sie. »Ich versuche jetzt, mir von euch eine Mütze oder einen Hut zu holen!« Mama rennt hinter Laura her, aber sie erwischt den kleinen Faschingshut auf Lauras Kopf nicht. Bei Sarah hat sie mehr Glück. Der fällt die Pudelmütze beim Laufen herunter, und ehe sie sie aufsammeln kann, hat Mama sie schon auf dem Kopf. Nun muß Laura sich die Kopfbedeckung von einem anderen Spieler klauen.

Anschließend wollen die Kinder

Tierhüpfen

spielen. Sie malen ein Rechteck auf die Erde und teilen es durch einen senkrechten und zwei waagerechte Striche in sechs gleichgroße Kästchen, die sie von eins bis sechs numerieren.
Geburtstagskind Anna fängt an. Sie springt ganz schnell von Kästchen zu Kästchen und sagt jedesmal ein Tier: »Hase, Igel, Kuh, Pferd, Elefant, Löwe!« Für die nächsten Sprünge muß sie sich ganz schnell sechs Mädchennamen ausdenken. Aber ihr fallen nur fünf ein. Im sechsten Kästchen überlegt sie zu lange und ist ab.
Marcel kommt an die Reihe. Aber er schafft vor lauter Aufregung nicht einmal die Tier-Runde.
Nun ist Laura dran. Nach der Tier- und Mädchennamen-Runde springt sie auch die Jungsnamen- und Farben-Runde ohne Fehler. Erst in der fünften Runde, als sie sich sechs Vogelarten ausdenken soll, zögert sie bei einem Kästchen zu lange, und Sven kommt dran.

Dann spielen die Kinder

Gurke

Sie stellen sich im Abstand von vier bis fünf Schritten in einem Kreis auf, und jeder zieht einen möglichst engen Kreis als Mal um seine Füße. Charly nimmt ein Stück Holz und wirft es zu den Füßen von Marcel, der rechts neben ihm steht. Aber das Holz landet nicht in Marcels Mal, sondern eine Handbreit daneben. Marcel darf deshalb sein Mal um dieses Stück vergrößern. Er zieht eine Linie um das Holz herum und verbindet sie mit seinem Kreis. Jetzt sieht sein Mal aus wie ein kreisrunder Kopf mit einer langen Gurkennase. Marcel zielt das Holz zu Anna, Anna zu Sven, Sven zu Katrin und so weiter. So geht es einige Runden lang. Schließlich haben mehrere Male vier oder fünf Gurkennasen.

»Wir bereiten jetzt eine

Schnitzeljagd

vor!« ruft Anna. »In einer halben Stunde dürft ihr anfangen, uns zu suchen.« Die Uhren werden verglichen, und dann machen sich die Mädchen auf den Weg. Sie zeichnen unterwegs immer wieder Pfeile auf den Boden. An einer Straßenecke lassen sie einen Pfeil in die falsche Richtung zeigen, damit die Jungen sie nicht so leicht finden.

Nach einigen hundert Metern kommen die Mädchen auf dem Abenteuerspielplatz an und verstecken sich schnell. Laura und Anna legen sich flach auf die Hängebrücke, Anja steigt aufs Klettergerüst, Katrin setzt sich ins Spielhaus und Sarah hinter die Sandkiste.
Als die Jungen die Mädchen schließlich gefunden haben, gehen alle zusammen wieder zurück.

Mama und Tante Inga haben inzwischen ein ganz tolles kaltes Büffet vorbereitet.

Links vom Büffet steht eine Waschschüssel mit Wasser, darin schwimmt ein Apfel.
»Hurra, wir spielen

Apfelbeißen

ruft Dennis. Er kennt dieses Spiel schon. Darum fängt er auch gleich an. Anna verbindet seine Hände mit einem Schal auf dem Rücken. Dennis muß nun versuchen, den Apfel in der Schüssel zu erwischen, also ein Stückchen abzubeißen. Das ist aber sehr schwer, denn der Apfel schwimmt im Wasser. Immer, wenn Dennis den Apfel berührt, stupst er ihn unter Wasser. Dennis reißt den Mund auf, verschluckt ein bißchen Wasser – doch dann kriegt er den Apfel zu fassen. Für die kleineren Kinder nimmt Mama etwas kleinere Äpfel, damit es auch gerecht ist.

Nach dem Essen darf sich jeder Partygast noch ein

Überraschungspäckchen

auswürfeln. Mama hat zehn kleine Geschenke bunt verpackt. Sie liegen in der Mitte auf dem Tisch, und die Kinder würfeln reihum. Wer eine Sechs hat, sucht sich ein Päckchen aus und legt es vor sich hin. Nach fünf Runden hat Katrin schon drei Päckchen, aber Sven noch kein einziges. Als er endlich auch eine Sechs würfelt, liegen in der Mitte keine Geschenke mehr. Deshalb darf er sich ein Päckchen bei den Kindern aussuchen, die mehrere erwürfelt haben.
Schließlich hat jeder ein Päckchen vor sich liegen, nur Sarah hat überhaupt keins, aber Dennis hat dafür zwei. Als Anja die nächste Sechs würfelt, nimmt sie sich eins davon.

Nun liegen vor ihr zwei. Marco hat als nächster Würfelglück und sucht sich eins von Anjas beiden Päckchen aus. So wandert immer eins der kleinen Geschenke weiter, bis endlich Sarah auch eine Sechs würfelt und sich ein Päckchen von Anna nimmt, vor der jetzt gerade zwei liegen.

»Nehmt eure Geschenke mit und wickelt sie erst zu Hause aus. Dann bringt der Heimweg mehr Spaß, weil ihr noch eine kleine Überraschung vor euch habt«, schlägt Mama vor, als sich die Kinder schließlich verabschieden.